BEI GRIN MACHT SICH IHR WISSEN BEZAHLT

- Wir veröffentlichen Ihre Hausarbeit,
  Bachelor- und Masterarbeit

- Ihr eigenes eBook und Buch -
  weltweit in allen wichtigen Shops

- Verdienen Sie an jedem Verkauf

Jetzt bei www.GRIN.com hochladen und kostenlos publizieren

Bibliografische Information der Deutschen Nationalbibliothek:

Die Deutsche Bibliothek verzeichnet diese Publikation in der Deutschen National-
bibliografie; detaillierte bibliografische Daten sind im Internet über http://dnb.d-
nb.de/ abrufbar.

Impressum:

Copyright © 2020 GRIN Verlag
Druck und Bindung: Books on Demand GmbH, Norderstedt Germany
ISBN: 9783346151773

Dieses Buch bei GRIN:

https://www.grin.com/document/541824

Sascha Heller

Erläuterungen zur SWOT-Analyse, zu asymmetrischen Informationen und zur Standortwahl für Dienstleister

GRIN Verlag

GRIN - Your knowledge has value

Der GRIN Verlag publiziert seit 1998 wissenschaftliche Arbeiten von Studenten, Hochschullehrern und anderen Akademikern als eBook und gedrucktes Buch. Die Verlagswebsite www.grin.com ist die ideale Plattform zur Veröffentlichung von Hausarbeiten, Abschlussarbeiten, wissenschaftlichen Aufsätzen, Dissertationen und Fachbüchern.

Besuchen Sie uns im Internet:

http://www.grin.com/

http://www.facebook.com/grincom

http://www.twitter.com/grin_com

Hausarbeit

Die SWOT-Analyse, Standortwahl für Dienst-
leister und asymmetrische Informationen

Abgegeben am 04.02.2020

SRH Fernhochschule

Modul: Dienstleistung und Servicemanagement

Studiengang: Wirtschaftspsychologie

Von

Sascha Heller

Studiengang: Wirtschaftspsychologie

Inhaltsverzeichnis

1 Die SWOT-Analyse in Bezug auf Dienstleistungsunternehmen

1.1 Die SWOT-Analyse

Die SWOT-Analyse ist ein Tool des strategischen Managements. Hierbei werden die internen Stärken und Schwächen analysiert. Dem gegenüber stehen die externen Chancen und Risiken. Der Begriff SWOT kommt aus dem englischen und bedeutet Strengths, Weaknesses, Opportunities und Threats. (Bövers 2020, S. 136) Die SWOT-Analyse ist im strategischen Management heute noch sehr beliebt und verbreitet.

1.1.1 Skizzierung der SWOT-Analyse

Die SWOT-Analyse wird eingesetzt, um verschiedene Analysen miteinander zu verbinden und so Strategieempfehlungen zu generieren. Sie besteht aus der Umweltanalyse und der Stärken- und Schwächenanalyse. (Walsh et al. 2020, S. 176)

Für die Umweltanalyse wird zunächst der Markt und auch der Kunde analysiert. Hierbei wird der Markt auf Chancen und auf Risiken untersucht. (Walsh et al. 2020, S. 177)

Im nächsten Schritt schaut man sich das Unternehmen an. Hier werden die Stärken und Schwächen penibel beleuchtet. Diese beziehen sich jedoch nicht nur auf einzelne Sektoren, wie beispielsweise den Verkauf, sondern auch auf den Service, Liquidität, die Innovationskraft usw. (Walsh et al. 2020, S. 177) Ein Beispiel für eine Stärke wäre eine hohe Innovationskraft. Dies führt dazu, dass sich das Unternehmen schnell an neue Technologien anpassen kann, um so die Kundenwünsche noch besser zu erfüllen. Eine Schwäche könnte sein, dass durch den Fachkräftemangel und geringer Personalressourcen häufig Umsätze nicht generiert werden können, da die Kapazitäten nicht vorhanden sind.

1.2 Die SWOT-Analyse bei Dienstleistungsunternehmen

1.2.1 Die Umweltanalyse anhand der PESTLE-Analyse

Durch verschiedene Analysen ist es möglich, die Umwelt des Unternehmens zu analysieren. Hier soll beispielhaft die PESTLE-Analyse dargestellt werden. Die PESTLE-Analyse kann dafür genutzt werden, alle relevanten Einflussfaktoren innerhalb des Dienstleistungssektors zu erkennen und zu analysieren. PESTLE ist ein Akronym. Im Deutschen sind die Einflussfaktoren politisch, ökonomisch, sozial, technologisch, rechtlich und ökologisch. Diese sollten alle Bereiche des Umfeldes abdecken. (Leimeister 2020, S. 118–119)

Politische Faktoren: Die Politik kann durch ihre Steuerpolitik oder Zollpolitik Einfluss auf verschiedene Branchen nehmen und diese somit signifikant beeinflussen. (Leimeister 2020, S. 119)

Ökonomische Faktoren: Die ökonomischen Rahmenbedingungen können sich durch Preiseinflüsse direkt auf einen Dienstleister auswirken. (Leimeister 2020, S. 119)

Soziale Faktoren: Soziokulturelle Faktoren gehen vom potenziellen Verbraucher aus. Somit nimmt das soziale Umfeld durch Trends oder Demografie Einfluss auf den Markt. Diese Einflüsse können subtil beginnen und später an enormer Kraft zunehmen. (Leimeister 2020, S. 119)

Technologische Faktoren: Durch die Entwicklung von IT-Systemen gibt es technische Faktoren, die sowohl branchenspezifisch gelten als auch solche, die generell gültig sind. (Leimeister 2020, S. 120)

Rechtliche Faktoren: Rechtliche Rahmenbedingungen können sich zum einen auf ein Geschäftsumfeld auswirken oder sie können durch Unternehmen selbst gesetzt werden. (Leimeister 2020, S. 120)

Umweltfaktoren: Die ökologischen Faktoren treten heutzutage immer weiter in den Vordergrund von strategischen Entscheidungen. Nicht nur die Ressourcenknappheit spielt hier eine Rolle, sondern auch das Klima, das Wetter oder der Umweltausgleich. (Leimeister 2020, S. 120)

1.2.2 Die Stakeholder Analyse

Nachdem die Umwelt durch die PESTLE-Analyse behandelt wurde, werden nun die Stakeholder genauer analysiert. Die Stakeholder sind die Anspruchsgruppen, die das Unternehmen direkt oder indirekt beeinflussen. (Fink 2020a, 38 - 39)

Die Stakeholder Analyse wird häufig in vier Schritte unterteilt. Im ersten Schritt werden die Stakeholder identifiziert. Die relevanten Stakeholdergruppen werden nach intern und extern sortiert und nach ihrem Beitrag und Wichtigkeit eingeteilt. Im zweiten Schritt wird das Beziehungsgeflecht der Stakeholder visualisiert. Hier werden die relevanten Anspruchsgruppen anhand ihrer Abhängigkeit weiter zugeteilt. Im Folgenden werden die Stakeholder in Spielmacher, Joker und Gesetzte unterteilt. Die Spielmacher haben einen großen Einfluss auf das Unternehmen, sind aber auch von diesem im ähnlichen Maße abhängig. Die Joker hingegen haben selbst einen starken Einfluss auf das Unternehmen, können jedoch vom Unternehmen selbst nicht wirklich beeinflusst werden. Die Gesetzte werden maßgeblich von dem Unternehmen beeinflusst und stehen dadurch in einer Abhängigkeit zu diesem. Zu den Randfiguren zählen die Gruppen, die zwar erstrebenswert sind, jedoch beidseitig keine große Abhängigkeit besteht. Im dritten Schritt der Stakeholder Analyse werden die Daten in ein Schema eingeordnet, durch welches man erkennt, welches die Befürworter und Gegner des Unternehmens sind. Die Beziehung zu diesen Gruppen ist jedoch variabel und unterliegt einer dauerhaften Entwicklung.

Im vierten Schritt werden aus den visualisierten Daten sowohl Chancen als auch Risiken herauskristallisiert. Hierbei ist eine objektive Bewertung der Daten wichtig. (Fink 2020a, S. 39–42)

1.2.3 Die Unternehmensanalyse

Im Mikroumfeld der Unternehmensanalyse werden Einflüsse durch Wettbewerb, Absatzmittler, Lieferanten, Kunden und der Öffentlichkeit ermittelt. Wichtig sind hierbei vor allem die Unternehmensstrategie, das Produktportfolio, die Unternehmensvision sowie die Unternehmensorganisation. (Lippold 2019, S. 14)

1.3 Die SWOT-Analyse anhand eines fiktiven Beispiels

Es soll nun beispielhaft eine SWOT-Analyse für ein Dienstleistungsunternehmen erstellt werden. Dieses Unternehmen ist rein fiktiv erstellt.

Es handelt sich bei dem Unternehmen um einen Steuerberater namens Dengler & Rist innerhalb einer kleinen Stadt auf dem Land. Die Marktlage ist stabil und die Kapazitäten des Beratungsbüros sind voll ausgelastet. Das Unternehmen verfügt über zwei Steuerberater und weitere 20 Mitarbeiter. Die Mitarbeiterzahl nimmt stetig zu. Innerhalb ihres Einzugsgebietes gibt es drei weitere Steuerberaterbüros unter 20 Mitarbeiter und ein großes Büro, welches zu einer Kette gehört mit rund 500 Mitarbeiter an 40 Standorten.

Stärken: Eine Stärke des Unternehmens ist das hohe Mitarbeitercommitment. Die Mitarbeiter sind zufrieden und loyal. Es wurden bereits mehrere Exmitarbeiter der Konkurrenz aufgenommen, da sie in ihrem alten Unternehmen unzufrieden waren. Eine weitere Stärke ist die enorme Innovationskraft, da hier nicht nur die Mitarbeiter stetig weiter geschult werden, sondern auch die Chefetage. Vor allem wird die IT-Beauftrage ständig weiter geschult, wodurch sie jederzeit bereit ist, neue Technologien in das Unternehmen einzubinden.

Schwächen: Zu den Schwächen des Unternehmens gehört die wenig objektive Mandantenbewertung. Hier werden nach Sympathie unverhältnismäßige Rabatte gewährt und wenig rentable Mandanten weiter betreut. Das Unternehmen betreut hauptsächlich kleinere Mandanten, da die Kompetenzen der Mitarbeiter nicht auf größere Unternehmen ausgelegt sind.

Chancen: Die Mandanten haben einen Wunsch nach Innovation vor allem auch im Bereich Umweltschutz. Hierdurch könnte die Chance entstehen, weitere Technologien einzubinden, um sich über die Konkurrenten hinweg zu setzen. Durch die steigende

Mitarbeiterzahl wäre es möglich, in näherer Entfernung (ca. 30 Km) eine weitere Filiale zu eröffnen, um somit den Marktanteil und das Einzugsgebiet stark zu erhöhen.

Risiken: Zu den bevorstehenden Risiken gehört vor allem das Großunternehmen, dass versucht seine Marktanteile zu erweitern. Auch technologisch entsteht das Risiko, dass durch die starke Vermarktung einer kompetenten Software, die Mandate schwinden könnten.

Durch die vorherigen Analysen entsteht dann schlussendlich die SWOT-Matrix.

	Stärken (Strengths)	Schwächen (Weaknesses)
Unternehmen-analyse (Mikroumfeld)	- Hohes Mitarbeitercommitment - Hohe Innovationskraft	- Subjektive Mandantenbewertung - Ausrichtung rein auf Kleinunternehmer

	Chancen (Opportunities)	Risiken (Threats)
Umweltanalyse (Makroumfeld)	- Wunsch nach Innovation (Kunden) - Expansionsmöglichkeiten	- Starke Konkurrenz eines Großunternehmens - Möglichkeit des schwindenden Auftragsvolumens

1.4 Die Normstrategien

Innerhalb der Normstrategien geht es darum, an welchem Markt man sich beteiligen möchte und auch auf welchem Wege dies geschehen sollte. Die Normstrategien werden aufgeteilt in die Produktdifferenzierung und die Preisführerschaft. Die Preisführerschaft ist sowohl im Gesamtmarkt als auch im Teilmarkt möglich. (Fink 2020b, S. 231)

Strebt man die Kostenführerschaft an, so muss man sich darauf konzentrieren, seine Produkte möglichst günstig anzubieten. Dies kann durch günstige Input-Faktoren, kostengünstige Angebote oder auch durch die Skaleneffekte erzielt werden. Die Skaleneffekte beschreiben die Aufteilung verschiedenere Kosten auf mehrere Kunden. (Fink 2020b, S. 231)

Um eine überdurchschnittliche Rentabilität zu erschließen, benötigt man einen materiellen oder immateriellen Vorteil. Dies könnten verschiedene Rohstoffe, Qualität,

Innovationskraft usw. sein. Es kommt zu einer positiven Differenzierung gegenüber dem Mitbewerber, der dem Unternehmen einen Vorteil verschafft. (Fink 2020b, S. 232)

Innerhalb der Nischenstrategie wird auf die Marktsegmente abgezielt, welche nicht spezifisch für einen gesamten Markt sind. Hierbei werden die Bedürfnisse der Kunden so umgesetzt, dass bestimmte Zielgruppen angesprochen werden. Hierbei kann man sich wiederrum auf die Differenzierung zu anderen Unternehmen oder auf die Kostenführerschaft konzentrieren. (Fink 2020b, S. 232)

1.5 Generierung von Handlungsempfehlungen

Aufgrund der vorliegenden SWOT-Analyse wäre es für das Beispielunternehmen empfehlenswert, eine Differenzierung zu der Konkurrenz aufzubauen. Durch die starke Konkurrenz des Großunternehmens wird es schwer sein, diesem große Mandanten abzuluchsen. Jedoch kann der Wunsch nach Innovation der kleinen und mittleren Mandanten sehr wohl erfüllt werden. Dies kann weiterhin ausgebaut werden, indem eine Expansion stattfindet, bei der ein Teil der Mitarbeiter auf die herkömmliche Art arbeitet, um „festgefahrene" Mandanten zu betreuen. Der andere Teil könnte sich der Innovation widmen und dies auch durch einen neuen innovativen Standort nach außen tragen. Wichtig ist hierbei, die neue Strategie auch in der Unternehmensphilosophie unter zu bringen.

2 Asymmetrische Informationen und ihre Auswirkungen

2.1 Definition der asymmetrischen Informationen

Man redet von asymmetrischen Informationen, wenn bei einer kooperativen Partnerschaft, ein Partner besser informiert ist als der andere. Dies kann natürlich Konsequenzen nach sich ziehen, welche im Folgenden weiter erörtert werden sollen. (Spremann 1990, S. 2) Zunächst soll jedoch die Theorie der asymmetrischen Informationen anhand eines Beispiels skizziert werden. Möchte man sich z. B. ein gebrauchtes Auto kaufen, hat der Verkäufer genaue Informationen über dieses Fahrzeug. Der Käufer hingegen ist informationstechnisch schlechter aufgestellt. Dieses Ungleichgewicht wird demnach asymmetrische Information genannt.

2.2 Die drei Arten asymmetrischer Informationen

Qualitätsunsicherheit

Hierbei muss man zunächst das Problem betrachten, dass Leistung und Gegenleistung zeitverzögert erfolgen können. Dies kann zur Folge haben, dass das Produkt seinen Marktpreis oder die Qualität ändert. Wurde das Produkt z. B. schon bezahlt, aber noch nicht geliefert, kann es zu gewissen Unsicherheitsfaktoren kommen. Diese Unsicherheitsfaktoren treten auf, wenn der Verkäufer einen Informationsvorsprung geniest. Hierbei kann der Verkäufer wissentlich oder unwissentlich auf das Produkt einwirken. (Spremann 1990, S. 3–4) Betrachtet man hierbei das Beispiel mit dem Gebrauchtwagenhändler, wird deutlich, dass eine verzögerte Lieferung die Unsicherheit des Käufers schüren könnte. Der Verkäufer könnte z. B. noch gute Teile wechseln, oder eine größere Fahrt unternehmen, was zu einer Wertminderung führen würde.

Vorerst könnte es sein, dass der Käufer das Verhalten des Verkäufers beeinflusst. Dabei wäre es beispielsweise eine Möglichkeit, spezielle Forderungen des Käufers vertraglich festzuhalten. Anderenfalls könnte sich der Käufer auf dem Markt nach Alternativen umsehen, was dazu führen würde, dass der Verkäufer den Kunden verloren hätte. (Spremann 1990, S. 5)

Qualitätsunsicherheit besteht dann, wenn der Käufer anhand seiner mangelnden Informationen die Qualität nicht genau bestimmen kann. Der Käufer würde demnach auf dem Markt Händler suchen, welche die Informationen offenlegen, oder den Kaufvertrag durch eine Qualitätsgarantie erweitern. Auch möglich wäre es, sich Information durch entstehende Kosten zu erwerben. Dies könnte beim Gebrauchtwagenkauf durch eine unabhängige Inspektion erfolgen. Jedoch sind hier die Kosten und die Informationen gegeneinander abzuwägen. (Spremann 1990, 6 - 7)

Hold-Up

Ein weiterer Grund für Unsicherheiten kann ein „Holdup" oder auch Überfall sein. Hierbei wird das Verhalten des Verkäufers offengelegt. Der Verkäufer kann hier Vertragslücken zu seinem Vorteil ausnutzen. Es wird vom Käufer dann zwar als ungerecht betrachtet, jedoch ist er nicht in der Lage, den Verkäufer rechtlich zu etwas zu zwingen. (Spremann 1990, S. 8)

Moral Hazard

Ein weiteres Problem von asymmetrischen Informationen ist die Moral Hazard Problematik. Zunächst wird das Verhaltensrisiko noch um den Faktor erweitert, dass der Käufer nicht weiß, wie risikoreich der Verkäufer sein Geschäft leitet. Verkauft er das Fahrzeug nun günstig, weil er auch als fairer Geschäftsmann gesehen werden möchte? Oder gibt er den günstigen Preis nur vor, damit es als Kulanz von seiner Seite aus aussieht? Dabei ist ein weiteres Problem, dass der Käufer selbst nach der Lieferung nicht wissen kann, ob der Händler nun fair war oder nicht. Das Grundproblem ist hier die Plastizität des zu handelnden Gutes. (Spremann 1990, S. 10)

2.3 Mögliche Folgen von asymmetrischen Informationen

Adverse Selektion

Man geht davon aus, dass es auf dem Markt ehrliche und unehrliche Verkäufer gibt. Nehmen wir unser Gebrauchtwagenbeispiel wieder auf. Der ehrliche Verkäufer hat einen höheren Preis, da z. B. mögliche Garantien höhere Kosten verursachen. Ist der Käufer nun auf einen unehrlichen Verkäufer hereingefallen, ist es möglich, dass er dies beim nächsten Autokauf berücksichtigt. Er plant demnach gewisse Reparaturen mit in den Preis ein. Somit entscheidet er sich für das günstigere Fahrzeug, da er nicht davon ausgehen kann, dass ein Verkäufer ehrlich ist. Somit kann der ehrliche Verkäufer seine Autos nicht mehr verkaufen und wird vom Markt gedrängt. Damit könnte der Fall eintreten, dass durch die asymmetrischen Informationen keine ehrlichen Händler mehr auf dem Markt existieren. (Akerlof 2009, S. 9–10) Möglicherweise kommt es dadurch dazu, dass qualitative Fahrzeuge nicht mehr vom Besitzer verkauft werden, da sich dieser sonst auf den Gebrauchtwagenmarkt einlassen müsste. Dabei liegt die Entwicklung nahe, dass es irgendwann kaum noch qualitative Gebrauchtwägen auf dem Markt zu finden gäbe.

Transaktionskosten

Betrachtet man die asymmetrischen Informationen in Bezug auf die Transaktionskosten, kann man zu folgenden Schlüssen kommen. Der Käufer könnte durch Ausarbeitung eines Vertrages, welcher alle Umwelt- und Ereignisfaktoren betrifft, sein Informationsungleichgewicht ausgleichen. Jedoch ist dies mit erheblichen Kosten verbunden, da der Käufer nicht alle möglichen Entwicklungen überschauen kann und sein dadurch erwürgtes Recht schwierig umzusetzen wäre. Durch die hohen Transaktionskosten wäre dann dem Käufer der Zugang zum Markt verwehrt. (Spremann 1990, S. 13)

Second-best Designs

Des Weiteren könnte man als Käufer anfangen, die Qualität des Produktes aufwendig zu kontrollieren. Man kann z. B. auf Garantien bestehen oder dem Verkäufer Strafen androhen. Möchte man das Produkt kontrollieren, kommt es einerseits zu hohen Kosten für die Kontrolle und andererseits kann sich der Verkäufer frühzeitig auf diese Kontrolle vorbereiten. Hierbei könnte es zu Verzerrungen der Qualität kommen. Der Verkäufer könnte sich jedoch auch dazu bereit erklären, die Kosten zu teilen, wodurch er seinen Gewinn schmälern und dies möglicherweise vorab mit auf den Preis kalkulieren würde. (Spremann 1990, S. 14–15)

2.4 Kooperationsdesigns

Innerhalb eines Kooperationsdesigns versuchen die Partner informationseffiziente Designs zu entwickeln. Dabei ist jedoch zu beachten, dass jeder Partner zwar dem anderen eine akzeptable Lösung vorschlägt, jedoch versuchen wird, den für sich größtmöglichen Nutzen zu generieren. Im Folgenden sollen die Designs Offenbarung, Autorität und Anreizsystem näher erläutert werden. Dabei sind harte Designs stark formalisiert und präzise ausformuliert, wohingegen weiche Designs weniger formal und vage formuliert werden. (Spremann 1990, S. 15–16)

2.4.1 Die Offenbarung

Bei der Offenbarung geht es kurz gesagt darum, dass der Verkäufer seine Informationen mit dem Käufer glaubhaft teilt. Bei einem Selbstwahlschema (häufig bei der Preisdifferenzierung eingesetzt) gestaltet der Käufer die Entscheidungssituation so, dass er durch die Wahl des Verkäufers dessen Merkmale ablesen kann. Hierbei liegt die Wahlhandlung des Verkäufers in seinem Eigeninteresse. Durch die Angebote, die der Verkäufer daraufhin macht, kann der Kunde sich frei entscheiden ob er zu diesem Händler geht oder ihn erst gar nicht behelligt. (Spremann 1990, S. 17–18)

2.4.2 Autorität

Ein weiteres Kooperationsdesign ist die Autorität. Da der Käufer nicht erahnen kann, was für Schlupflöcher der Verkäufer im Laufe der Zusammenarbeit nutzen könnte, kann sich der Verkäufer dem Käufer unterwerfen. Es entsteht hierbei eine hierarchische Konstellation, wobei der Verkäufer sich den aufkommenden Anweisungen des Käufers unterwirft, um so die asymmetrischen Informationen auszugleichen. (Spremann 1990, S. 18–19)

2.4.3 Anreizsysteme

Bestellt ein Käufer ein zu produzierendes Werk, kann die Qualität der Produktion vom Verhalten des Verkäufers, von Zufallsereignissen oder von ungeahnten Faktoren beeinflusst werden. Nun kann der Käufer jedoch nicht nachvollziehen, wie sich die gelieferte Qualität zusammensetzt. Durch das Entlohnungsschema soll der Produzent motiviert werden, das Produkt optimal herzustellen. (Spremann 1990, S. 20)

2.5 Beispiel Absatz einer Dienstleistung

In diesem Beispiel geht es um Herrn Maier, der Gebrauchtwagen verkaufen möchte. Er bewirbt in seinem Angebot einen Youngtimer von BMW zu einem Preis von 30.000 Euro. Der Preis ist gerechtfertigt und entspricht dem wahren Wert des Fahrzeugs. Diese Informationen hat er, doch seine Kunden verfügen nicht über diese. Daher kommt es zu asymmetrischen Informationen.

Herr Maier hat nun das Problem, dass der Kunde, aufgrund der asymmetrischen Information, natürlich nicht wissen kann, ob er das Fahrzeug fair oder unfair verkauft. Einige Personen, die ihre Fahrzeuge im Gebrauchtwagensektor kaufen, wurden bereits „übers Ohr gehauen" und kaufen daher tendenziell eher das günstige Fahrzeug, da man ja eh nicht weiß, in welchem Zustand das Fahrzeug ist. (Akerlof 2009, S. 9)

Der „unfaire Gebrauchtwagenmarkt" wird nun mehr und mehr zum Problem von Herrn Maier, da er natürlich für seine hohe Qualität auch entsprechende Erträge erwirtschaften muss. Herr Maier könnte nun eine Garantie auf das Fahrzeug geben, um die asymmetrischen Informationen zu reduzieren. Diese könnte entweder eine Standardqualität haben oder noch weitere Faktoren umfassen. Dadurch würde Herr Maier das Risiko von dem Käufer auf sich selbst übertragen. Der Käufer hätte durch die Garantie ein besseres Gefühl, was das Angebot von Herrn Maier attraktiver macht. (Akerlof 2009, S. 13)

Um die Qualitätsunsicherheit seiner Kunden langfristig zu beheben, ist es möglich, sich von gewissen Prüforganisationen wie z. B. Automobilclubs zertifizieren zu lassen. Diese

Lizensierung kann dabei helfen, die Qualitätsunsicherheit weiter zu reduzieren. So kann Herr Maier wie beispielsweise ein Arzt ein Qualitätssiegel für sich als Händler oder auch für dieses eine Fahrzeug von angesehenen Prüforganisationen erhalten. (Akerlof 2009, S. 14)

Des Weiteren könnte das Problem entstehen, dass der Kunde sich unsicher ist, ob er vertraglich überfallen wird, also der Verkäufer gezielt Lücken ausnutzt. Dieses Problem könnte dann auch durch eine Garantie oder Zertifizierung seines Unternehmens gelöst werden.

Durch die oben genannten Techniken kann der Verkäufer nun die negativen Folgen der asymmetrischen Informationen überwinden. Wichtig ist nur, dass er diese auch nach außen trägt und in sein Inserat inkludiert. Auch an eine Darstellung seiner möglichen „Händlerlizenz" auf seiner Website wäre hier zu denken.

3 Geeignete Standortwahl für Dienstleister

3.1 Die Standortwahl

Möchte man eine neue Unternehmung gründen, ist die Wahl des Standortes nicht nur abhängig von persönlichen Faktoren, sondern unterliegt noch weiteren sog. Standortfaktoren. Standortfaktoren haben vor allem in der Standortplanung eine hohe Gewichtung. Anhand der relevanten Standortfaktoren kann der Markt, die rechtlichen Rahmenbedingungen oder die Produktionsbedingungen ermittelt werden. Der richtige Standort ist somit auch wichtig für den zu erzielenden Marktvorteil. (Lahner 2020, S. 445)

Es stellt sich nun die Frage, wie wichtig die Standortfaktoren für z. B. einen Neubegründer sind. Standortfaktoren sind die Eigenschaften eines Gebietes, welche das Gebiet für das Unternehmen attraktiv machen. Die Entwicklung eines Bestandsunternehmens wird durch die Standortfaktoren einer neuen Zweigstelle geprägt und dies sollte auch im Marketing nach außen kommuniziert werden. (Lahner 2020, S. 446)

3.2   Bedeutung von Standortfaktoren für einein beispielhaften Dienstleister

Das Beispielunternehmen

Herr Satori möchte ein Fitnessstudio eröffnen. Aufgrund seiner vorherigen Karriere als Bodybuilder kennt er sich mit Fitnessstudios aus und hat bereits auch ein gewisses Produktportfolio an Nahrungsergänzungsmitteln und Trainingszubehör. Er möchte mit seinem Studio in den Premiumsektor eintauchen und es ggf. zu einem Spa oder auch zu einer Freizeitarena weiterentwickeln. Herr Satori ist nun bei der Entwicklung seines Business-Plans und stellt sich die Frage, wo er sein Unternehmen gründen soll.

Die Fitnessbranche boomt immer weiter, was neben steigenden Konsumenten auch eine höhere Konkurrenz zur Folge hat. Bei diesen Kunden spielt der Preis, der Service aber vor allem auch der Standort eine tragende Rolle. Da die Standortentscheidung einen strategischen und kostenintensiven Charakter hat, gilt es besonders gründlich die erfolgsrelevanten Standortfaktoren heraus zu kristallisieren und mit einer Gewichtung zu versehen. (Heinze und Römmelt 2011, S. 9) Der Preis den Herr Satori für eine Mitgliedschaft in seinem Studio veranschlagen muss, ist unter anderem abhängig von Miet- oder Pachtzahlungen, dem Lohnniveau in der Region und der Menge der Mitarbeiter, die beschäftigt werden müssen, um einen bestmöglichen Service zu bieten.

3.2.1   Überblick der Standortfaktoren

Die Wirtschaftswissenschaften analysieren eine Vielzahl von Standortfaktoren. Diese werden in einzelne Aspekte unterteilt. Der erste Aspekt sind die sozialen und rechtlichen Rahmenbedingungen. Hier geht es vor allem um Steuern und Abgaben, sowie rechtliche

Auflagen seitens der Regierung und dem Landkreis. Des Weiteren gibt es die Marktaspekte und die Produktionsbedingungen. Dabei geht es hauptsächlich um den Absatz- und den Arbeitsmarkt sowie den Markt der Hilfsdienstleistungen, die in Anspruch genommen werden müssen. Die Standortfaktoren werden dann bezüglich der Relevanz des betroffenen Unternehmens zusammengetragen. (Lahner 2020, S. 447)

Zudem kann man die Standortfaktoren in die Kategorien hart und weich einteilen. Harte Standortfaktoren sind solche, die nicht verändert werden müssen. Sie werden vom Gesetzgeber und den Kommunen vorgegeben. Dazu gehört die Infrastruktur, der Arbeitsmarkt, Abgaben und Steuern, Kostenstrukturen, öffentliche Bestimmungen und natürlich die Baufläche. Die weichen Standortfaktoren sind solche, die verändert werden können. Dazu gehören u. a. das Image, die Attraktivität für die Kunden, der Wohn- und Freizeitwert, die Kultur- und Sportangebote, die Erholungsräume, das soziale Klima, die Ausbildungsangebote und die Umweltqualität. Dabei ist zu beachten, dass nur unternehmensbezogene Faktoren vom Unternehmen selbst beeinflusst werden können. (Freyer et al. 2008, S. 47)

Im Folgenden sollen nur die Standortfaktoren für das geplante Unternehmen berücksichtigt werden, die eine Relevanz zur Unternehmung haben.

3.2.2 Soziale und rechtliche Rahmenbedingungen

Betrachtet man die sozialen und rechtlichen Rahmenbedingungen, stellt sich für manche Faktoren eine höhere Relevanz heraus wie für andere Faktoren. Zunächst sind Grundstückspreise zu vergleichen. Abhängig von der Gemeinde werden dann auch die öffentlichen Abgaben und Gebühren höher oder niedriger ausfallen. Möchte man nicht bauen, sondern mieten, sind natürlich auch die Miet- und Pachtpreise zu vergleichen. Zu erwähnen wären des Weiteren die Energiekosten, Kosten für die Abfallbeseitigung sowie Wasser- und Abwassergebühren. (Byrski et al. 2019, S. 291) In Betracht gezogen werden sollten auch Gewerbesteuersätze und der Hebesatz der Kommune.

3.2.3 Marktaspekte

Kommen wir nun zu den Märkten. Hier sollte man sich zunächst die Frage stellen, in wie weit der Markt gesättigt ist. Herr Satori interessiert sich vor allem für das Premiumsegment des Marktes. Von höchster Bedeutung ist hier demnach, wie viele Mitbewerber es gibt und wie diese die Bedürfnisse der Kunden abdecken. Dabei sollte zunächst eine Analyse erfolgen, welche Stärken und Schwächen die Mitbewerber haben. Unter Umständen ergeben sich hier Chancen, das Unternehmen so zu lenken, dass enttäuschte Kunden der Konkurrenz aufgefangen werden können.

Des Weiteren stellt sich die Frage nach dem Mitarbeitermarkt. Sind hier verfügbare Trainer und eventuell auch Physiotherapeuten auf Stellensuche oder können abgeworben werden? Ein wichtiger Aspekt ist auch das herrschende Lohnniveau. Dies ist eine komplizierte Angelegenheit. Zuerst muss man sich im Klaren sein, wie viele potenzielle Mitarbeiter auf dem Markt sind, wie viel man benötigt und natürlich auch, wie man sich für die gewünschten Mitarbeiter attraktiv macht, um sie auch für sich zu gewinnen. (Byrski et al. 2019, S. 291)

3.2.4 Produktionsbedingungen

Kommen wir zu den Produktionsbedingungen. Zunächst kommt es darauf an, dass die potenziellen Kunden in das Studio finden. Daher ist eine gute Verkehrsanbindung und ausreichend Parkplätze notwendig. Ein gezieltes Marketing zur Eröffnung wäre auch erstrebenswert, damit potenzielle Kunden von dem neuen Studio erfahren. Verfügt man nicht selbst über die notwendigen Parkplätze, gilt es die öffentlichen zu sichten und hier auch die Parkgebühren zu analysieren. Da heutzutage fast jede Freizeiteinrichtung über WLAN verfügt, ist es wichtig auf eine gute Breitbandverbindung zu achten. Dies gehört nicht nur in den Sektor Kundenservice, sondern spielt auch für einen reibungslosen Betriebsablauf eine tragende Rolle. (Byrski et al. 2019, S. 291)

3.2.5 Relevanz der einzelnen Standortfaktoren

Die besonders relevanten Standortfaktoren für Fitnessstudios werden im Folgenden kurz skizziert. Zunächst geht es um die Bevölkerungsdichte im Einzugsgebiet. Danach betrachtet man die Konsumgewohnheiten der angesprochenen Bevölkerung und die Konkurrenzsituation. Wie bereits angesprochen, entstehen dauerhaft Kosten wie Abgaben und Steuern. Jedoch sind auch Subventionen möglich. Danach kommen wir zum Personal und der Erreichbarkeit, sowie der Objektqualität des Studios. Auch Kooperationsmöglichkeiten spielen eine wichtige Rolle. Hierzu zählen z. B. verschiedene Geschäfte, die Rabatte gewähren könnten oder auch Krankenkassen, für die man beispielsweise ein Rückenkonzept durchführen könnte. (Heinze und Römmelt 2011, S. 10) Eine Standortanalyse führt man durch, indem man die notwendigen Faktoren analysiert, Standortalternativen erstellt und durch ein Punktesystem den besten Standort ermittelt. Dabei sollte man sich besonders Zeit nehmen bei der Analyse der Faktoren sowie bei der Gewichtung der einzelnen Faktoren.

3.2.6 Erläuterung der einzelnen Standortfaktoren

Herr Satori steht am Anfang seiner Planung und hat die einzelnen Faktoren, welche ihm wichtig sind, gesichtet. Nun soll auf diese eingegangen werden und in Bezug auf das Beispielunternehmen näher beleuchtet werden.

Zunächst analysieren wir die Marktsituation und die Mitbewerber. Findet man einige Gebiete, die nicht durch einen Mitbewerber im selben Marktsegment abgedeckt sind, können diese Gebiete weiter geprüft werden.

Es stellt sich nun die Frage, was für Grundstücke oder Miet- und Pachtobjekte verfügbar sind. Baut man selbst ein Gebäude, hat man immense Fixkosten in den ersten Jahren. Man hat jedoch den Vorteil, dass das Gebäude neu ist und so gestaltet werden kann, dass es für spätere Erweiterungen nutzbar ist. Auch die Parksituation kann hier vorab durch ausreichend eigene Parkplätze unter Kontrolle gebracht werden. Ein Miet- oder Pachtobjekt hat hingegen den Vorteil, dass die Unternehmung schnell begonnen werden kann und die Fixkosten vorerst geringgehalten werden können.

Man betrachtet nun im nächsten Schritt die rechtlichen und sozialen Rahmenbedingungen. Welche Kosten kommen auf einen zu? Wieviel Abgaben und Steuern sind zu entrichten? Gibt es Einschränkungen in den Bauverordnungen usw.?

An diesem Punkt des Prozesses wurden bereits einige Standorte aus dem Rennen geworfen und nur wenige bleiben weiter attraktiv. Daher geht es nun auch um das Produktportfolie. Es stellt sich die Frage, was für Dienstleistungen angeboten werden sollen. Denn nun geht es um das Personal am Standort. Wie hoch ist hier das Lohnniveau? Wieviel Trainer, Physiotherapeuten, Kaufleute und Managementpersonal wird für das Unternehmen benötigt?

Danach sollte sich Herr Satori auch um Kooperationsunternehmen kümmern. Hier gibt es einige Möglichkeiten Kooperationen zu schließen, um so bestimmte Vorteile für die Mitglieder oder das Studio selbst zu erzielen. Außerdem benötigt man ggf. andere Dienstleister vor Ort, wie z. B. Reinigungspersonal.

Auch zu beachten ist die Notwendigkeit einer großen Werbeaktion, die an manchen Standorten größer ausfallen sollte als an anderen. Ist Herr Satori z. B. der einzige Anbieter im Premiumsektor in der Gegend im ländlichen Bereich, benötigt er wohl weniger Marketingmaßnahmen. Steht er jedoch im Wettbewerb zu anderen großen „Platzhirschen", braucht er vermutlich mehr Marketingmaßnahmen, um zumindest einen Grundpool an Konsumenten zu erreichen.

All diese verschiedenen Faktoren werden von Herrn Satori nun notiert und mit einer Gewichtung versehen. So kann er den für sich richtigen Standort ermitteln.

4 Literaturverzeichnis

Akerlof, George (2009): The Market of Lemons. Quality Uncertainty and the Market Mechanism. Hg. v. The MIT Press. Online verfügbar unter https://www2.bc.edu/thomas-chemmanur/phdfincorp/MF891%20papers/Ackerlof%201970.pdf, zuletzt geprüft am 09.01.2020.

Bövers, Jana (2020): Geschwister-Teams in Familienunternehmen: Fluch oder Segen einer geteilten Kindheit? In: Birgit Felden, Andreas Hack und Christina Hoon (Hg.): Fallstudien zum Management von Familienunternehmen, Bd. 152. Wiesbaden: Springer Fachmedien Wiesbaden, S. 133–148.

Byrski, Katrin; Fischer, Christina; Hamm, Rüdiger (2019): Spezifische Standortanforderungen innovativer und wissensintensiver Unternehmen – empirische Befunde für den Mittleren Niederrhein. In: *Standort* 43 (4), S. 288–293. DOI: 10.1007/s00548-019-00621-1.

Fink, Nicolas (2020a): Die strategische Gesamtanalyse. In: Nicolas Fink (Hg.): Strategische Entwicklung von Sportvereinen. Wiesbaden: Springer Fachmedien Wiesbaden, S. 187–211.

Fink, Nicolas (Hg.) (2020b): Strategische Entwicklung von Sportvereinen. Wiesbaden: Springer Fachmedien Wiesbaden.

Freyer, Walter; Naumann, Michaela; Schuler, Alexander; Ahlert, Gerd (Hg.) (2008): Standortfaktor Tourismus und Wissenschaft. Herausforderungen und Chancen für Destinationen. Deutsche Gesellschaft für Tourismuswissenschaft; Jahrestagung der Deutschen Gesellschaft für Tourismuswissenschaft. Berlin: Schmidt (Schriften zu Tourismus und Freizeit, 8).

Heinze, Robin; Römmelt, Benedikt (2011): Ausgewählte Managementprobleme in Fitnessstudios. Standortentscheidungen für Fitnessstudios. Hg. v. Robin Heinze, Benedikt Römmelt und Frank Daumann. Sciamus GmbH. Online verfügbar unter https://d-nb.info/1010983555/34#page=9, zuletzt geprüft am 22.01.20120.

Lahner, Jörg (2020): Regionalökonomie und Standortfaktoren in der Wirtschaftsförderung. In: Jürgen Stember, Matthias Vogelgesang, Philip Pongratz und Alexander Fink (Hg.): Handbuch Innovative Wirtschaftsförderung, Bd. 6. Wiesbaden: Springer Fachmedien Wiesbaden, S. 445–465.

Leimeister, Jan Marco (Hg.) (2020): Dienstleistungsengineering und -management. Berlin, Heidelberg: Springer Berlin Heidelberg.

Lippold, Dirk (Hg.) (2019): Marktorientierte Unternehmensplanung. Wiesbaden: Springer Fachmedien Wiesbaden (essentials).

Spremann, Klaus (1990): Asymetrische Informationen. Hg. v. Zeitschrift für Betriebswissenschaften. Online verfügbar unter https://www.alexandria.unisg.ch/31925/1/61asy.pdf, zuletzt geprüft am 09.01.2020.

Walsh, Gianfranco; Deseniss, Alexander; Kilian, Thomas (Hg.) (2020): Marketing. Berlin, Heidelberg: Springer Berlin Heidelberg.